The Little Boy who Spoke to Animals and Other Stories: Bilingual French-English Stories for Children

Coledown Bilingual Books

Published by Coledown Bilingual Books, 2023.

While every precaution has been taken in the preparation of this book, the publisher assumes no responsibility for errors or omissions, or for damages resulting from the use of the information contained herein.

THE LITTLE BOY WHO SPOKE TO ANIMALS AND OTHER STORIES: BILINGUAL FRENCH-ENGLISH STORIES FOR CHILDREN

First edition. August 2, 2023.

Copyright © 2023 Coledown Bilingual Books.

ISBN: 979-8223608370

Written by Coledown Bilingual Books.

Table of Contents

Le Mystérieux Voyage
d'Émilie

Il était une fois, dans un petit village, une jeune fille nommée Émilie. Elle était curieuse, intelligente et avait une imagination débordante. Un jour, en se promenant dans la forêt près de chez elle, Émilie découvrit une mystérieuse clé en or. Sur cette clé, il y avait une inscription : "Ouvre la porte de l'inconnu".

Intriguée par cette découverte, Émilie se lança dans une aventure excitante. Elle suivit un sentier secret, caché derrière les buissons, qui l'amena à une porte en bois au milieu de la forêt. Sans hésiter, elle inséra la clé dans la serrure et tourna. La porte grinça, s'ouvrit lentement et Émilie se trouva nez à nez avec un paysage étonnant.

Elle se tenait maintenant dans un monde fantastique rempli de couleurs éclatantes et de créatures étranges. Des arbres chantaient, des fleurs dansaient et des animaux parlaient. Émilie était émerveillée par cette contrée enchantée.

En explorant davantage, Émilie rencontra le Chat Chapeauté, qui était non seulement doué de parole, mais aussi capable de faire des tours de magie amusants. Ils devinrent vite amis et s'embarquèrent dans une quête pour retrouver le trésor perdu du roi des fées.

Sur leur chemin, ils rencontrèrent le Géant Gourmand, qui aimait les sucreries plus que tout au monde. Ils durent résoudre des énigmes pour le convaincre de les aider dans leur quête.

Finalement, après avoir affronté des défis et traversé des paysages éblouissants, Émilie et le Chat Chapeauté découvrirent le trésor. Il était gardé par un dragon magnifique, mais inquiet. Émilie parla doucement au dragon, l'apaisa avec des mots gentils, et le dragon accepta de partager le trésor.

En retournant chez elle avec le trésor, Émilie se rendit compte que le véritable trésor était l'amitié et les merveilleuses aventures qu'elle avait vécues. Elle remercia le Chat Chapeauté et le dragon pour cette incroyable expérience.

Depuis ce jour, Émilie visita régulièrement le monde magique en utilisant la clé en or. Elle partagea ses aventures avec sa famille et ses amis, qui écoutaient fascinés ses histoires extraordinaires.

Et ainsi, le mystérieux voyage d'Émilie continua, lui apportant toujours plus de bonheur et de merveilles.

Emily's Mysterious Journey

Once upon a time, in a small village, there was a young girl named Emily. She was curious, intelligent, and had a vivid imagination. One day, while strolling through the forest near her home, Emily discovered a mysterious golden key. On this key, there was an inscription: "Open the door to the unknown."

Intrigued by this find, Emily embarked on an exciting adventure. She followed a hidden path behind the bushes, which led her to a wooden door in the middle of the forest. Without hesitation, she inserted the key into the lock and turned it. The door creaked open slowly, and Emily found herself face to face with a breathtaking landscape.

She now stood in a fantastic world filled with vibrant colors and strange creatures. Trees were singing, flowers were dancing, and animals were talking. Emily was in awe of this enchanted land.

While exploring further, Emily met the Hat-wearing Cat, who not only could talk but also performed amusing magic tricks. They quickly became friends and set off on a quest to find the lost treasure of the fairy king.

On their journey, they encountered the Greedy Giant, who loved sweets more than anything in the world. They had to solve riddles to persuade him to help them in their quest.

Finally, after facing challenges and traversing breathtaking landscapes, Emily and the Hat-wearing Cat discovered the treasure. It was guarded by a magnificent yet worried dragon. Emily spoke softly to the dragon, soothing it with kind words, and the dragon agreed to share the treasure.

Upon returning home with the treasure, Emily realized that the true treasure was friendship and the wonderful adventures she had experienced. She thanked the Hat-wearing Cat and the dragon for this incredible journey.

From that day on, Emily regularly visited the magical world using the golden key. She shared her adventures with her family and friends, who listened captivated by her extraordinary stories.

And so, Emily's mysterious journey continued, bringing her even more happiness and wonders.

Le Mystère du
Chocolat Magique

Il était une fois, dans un petit village, un enfant nommé Timothée. Timothée était un garçon vif d'esprit avec des yeux pétillants et une imagination débordante. Il aimait explorer les recoins les plus mystérieux de son village, et il adorait par-dessus tout le chocolat.

Un jour, en se promenant dans la forêt près de chez lui, Timothée entendit un bruit étrange provenant d'une vieille cabane abandonnée. Intrigué, il s'approcha et vit une lumière vacillante à travers les fissures de la porte.

Poussé par sa curiosité, Timothée ouvrit la porte et découvrit une pièce remplie de chocolat de toutes les couleurs et formes imaginables. Au milieu de la pièce, se trouvait une gigantesque fontaine de chocolat en ébullition. Étonnamment, le chocolat semblait briller d'une lueur magique.

Juste à côté de la fontaine, se tenait une étrange créature en forme de bonbon. C'était un Lutin Sucré, gardien du chocolat magique. Il sourit à Timothée et dit d'une voix sucrée : "Bienvenue dans le royaume du Chocolat Magique, cher enfant. Seuls les cœurs purs et les esprits curieux sont autorisés à entrer ici."

Timothée était enchanté par la vue et l'odeur du délicieux chocolat. Le Lutin Sucré lui expliqua que le chocolat magique avait le pouvoir de réaliser un vœu secret pour quiconque le mangeait avec une intention sincère.

Intrigué par cette révélation, Timothée décida de faire un vœu. Il souhaita que tous les enfants du village puissent toujours avoir du chocolat pour se réconforter lorsqu'ils étaient tristes.

Le Lutin Sucré approuva le vœu de Timothée et lui tendit un morceau de chocolat magique. Timothée le mangea avec délectation en gardant à l'esprit son vœu sincère.

Dès qu'il avala la dernière bouchée, quelque chose d'incroyable se produisit. Un parfum enivrant de chocolat remplit l'air, et soudain, des barres de chocolat apparurent dans les mains de tous les enfants du village. Le vœu de Timothée s'était réalisé !

Le Lutin Sucré remercia chaleureusement Timothée pour son cœur généreux et sa bonté. Il lui dit que désormais, chaque fois qu'il souhaiterait revenir dans le royaume du Chocolat Magique, il suffirait de penser à l'amour et à la joie qu'il avait partagés avec les autres.

Ainsi, Timothée continua à visiter le royaume du Chocolat Magique pour répandre le bonheur parmi les enfants du village. Et chaque fois qu'il savourait le chocolat magique, il se sentait rempli de gratitude et de merveilleuses aventures.

Depuis ce jour, le village de Timothée fut connu comme le village où le chocolat magique coulait à flots, et tous les enfants vécurent heureux, savourant leur bonheur chocolaté.

The Mystery of the Magical Chocolate

Once upon a time, in a small village, there was a child named Timothy. Timothy was a quick-witted boy with sparkling eyes and a vivid imagination. He loved exploring the most mysterious corners of his village, and above all, he adored chocolate.

One day, while strolling through the forest near his home, Timothy heard a strange noise coming from an old abandoned cabin. Intrigued, he approached and saw a flickering light through the cracks in the door.

Driven by his curiosity, Timothy opened the door and discovered a room filled with chocolate of all colors and imaginable shapes. In the middle of the room, there was a gigantic boiling chocolate fountain. Surprisingly, the chocolate seemed to emit a magical glow.

Right next to the fountain stood a strange candy-shaped creature. It was a Sweet Elf, the guardian of the magical chocolate. He smiled at Timothy and said in a sweet voice, "Welcome to the realm of Magical Chocolate, dear child. Only pure hearts and curious minds are allowed to enter here."

Timothy was enchanted by the sight and smell of the delicious chocolate. The Sweet Elf explained to him that the magical chocolate had the power to grant a secret wish to anyone who ate it with sincere intent.

Intrigued by this revelation, Timothy decided to make a wish. He wished that all the children in the village could always have chocolate to comfort them when they were sad.

The Sweet Elf approved Timothy's wish and handed him a piece of magical chocolate. Timothy ate it with delight, keeping his sincere wish in mind.

As soon as he swallowed the last bite, something incredible happened. An intoxicating chocolate scent filled the air, and suddenly, chocolate bars appeared in the hands of all the children in the village. Timothy's wish had come true!

The Sweet Elf thanked Timothy warmly for his generous heart and kindness. He told him that from now on, whenever he wished to return to the realm of Magical Chocolate, he only had to think of the love and joy he had shared with others.

Thus, Timothy continued to visit the realm of Magical Chocolate to spread happiness among the children of the village. And every time he savored the magical chocolate, he felt filled with gratitude and wonderful adventures.

Since that day, Timothy's village became known as the village where magical chocolate flowed abundantly, and all the children lived happily, savoring their chocolaty happiness.

Le Mystère du Gâteau Enchanté

Il était une fois, dans un petit village, un enfant nommé Léo. Léo était un garçon malin avec un sourire espiègle et un amour pour les sucreries. Il aimait passer son temps libre à explorer les confiseries de la pâtisserie locale.

Un jour, alors qu'il se promenait près de la forêt, Léo découvrit une petite boutique mystérieuse cachée parmi les arbres. La devanture était ornée de bonbons scintillants et de chocolats étincelants. Curieux, il entra et fut accueilli par un pâtissier au regard étincelant.

Le pâtissier se présenta comme Monsieur Sucré et lui montra un gâteau qui brillait d'une lueur magique. "Voici le Gâteau Enchanté," dit-il. "Ce gâteau a le pouvoir de réaliser un vœu secret pour celui qui le mange avec une intention sincère."

Les yeux de Léo s'illuminèrent d'excitation. Il avait toujours rêvé de faire un vœu magique ! Il prit une petite part du gâteau enchanté, le savoura avec délice en souhaitant très fort que son jouet préféré, un petit robot volant, prenne vie.

À sa grande surprise, le gâteau commença à chatoyer de plus en plus fort entre ses mains. Soudain, une minuscule étincelle jaillit du gâteau et se transforma en un adorable robot volant ! Léo était stupéfait et ravi.

Le robot volant se présenta comme Rodo et remercia Léo d'avoir fait de lui une créature vivante. Il lui promit d'être son ami fidèle et de l'accompagner dans toutes ses aventures.

Léo et Rodo devinrent inséparables. Ils s'envolèrent à travers le village, répandant de la joie et de l'émerveillement partout où ils allaient. Les enfants les regardaient avec émerveillement et Léo se sentait comme un véritable héros.

Mais un jour, une sombre sorcière jalouse de la magie du Gâteau Enchanté entendit parler de Léo et Rodo. Elle était déterminée à s'emparer du gâteau pour ses propres désirs égoïstes.

La sorcière se glissa dans le village à minuit et vola le Gâteau Enchanté de la boutique de Monsieur Sucré. Elle espérait que le gâteau lui accorderait tous les pouvoirs du monde.

Le lendemain matin, quand Léo se réveilla et découvrit que le Gâteau Enchanté avait disparu, il fut bouleversé. Il savait qu'il devait récupérer le gâteau pour empêcher la sorcière d'utiliser son pouvoir à mauvais escient.

Avec l'aide de Rodo, Léo suivit les traces de la sorcière jusqu'à sa sombre tanière. Ils affrontèrent de nombreux défis et dangers, mais Léo était déterminé à récupérer le Gâteau Enchanté.

Finalement, après une bataille épique, Léo réussit à reprendre le gâteau des mains de la sorcière. La sorcière fut vaincue et Léo comprit qu'il ne fallait jamais utiliser la magie pour de mauvaises intentions.

De retour dans le village, Léo rendit le Gâteau Enchanté à Monsieur Sucré et promit de le garder en sécurité. Il réalisa que la véritable magie était d'avoir des amis sincères et de faire le bien autour de lui.

Depuis ce jour, Léo continua d'avoir des aventures incroyables avec Rodo, mais ils utilisèrent toujours la magie du Gâteau Enchanté pour répandre le bonheur et la gentillesse.

11

The Mystery of the Enchanted Cake

Once upon a time, in a small village, there was a child named Leo. Leo was a clever boy with a mischievous smile and a love for sweets. He enjoyed spending his free time exploring the confectioneries of the local bakery.

One day, while wandering near the forest, Leo discovered a small mysterious shop hidden among the trees. The storefront was adorned with sparkling candies and shimmering chocolates. Curious, he entered and was greeted by a pastry chef with twinkling eyes.

The pastry chef introduced himself as Mr. Sweet and showed him a cake that glowed with a magical light. "This is the Enchanted Cake," he said. "This cake has the power to grant a secret wish for whoever eats it with sincere intent."

Leo's eyes lit up with excitement. He had always dreamt of making a magical wish! He took a small slice of the Enchanted Cake, savored it with delight, and wished very hard that his favorite toy, a little flying robot, would come to life.

To his great surprise, the cake started shimmering more and more brightly in his hands. Suddenly, a tiny spark shot out from the cake and transformed into an adorable flying robot! Leo was astonished and thrilled.

The flying robot introduced himself as Rodo and thanked Leo for making him a living creature. He promised to be his loyal friend and accompany him on all his adventures.

Leo and Rodo became inseparable. They soared through the village, spreading joy and wonder wherever they went. The children watched them in amazement, and Leo felt like a true hero.

But one day, a jealous witch who coveted the magic of the Enchanted Cake heard about Leo and Rodo. She was determined to steal the cake for her own selfish desires.

The witch sneaked into the village at midnight and stole the Enchanted Cake from Mr. Sweet's shop. She hoped the cake would grant her all the powers in the world.

The next morning, when Leo woke up and discovered that the Enchanted Cake was gone, he was devastated. He knew he had to retrieve the cake to prevent the witch from using its power for evil.

With Rodo's help, Leo followed the witch's trail to her dark lair. They faced many challenges and dangers, but Leo was determined to reclaim the Enchanted Cake.

Finally, after an epic battle, Leo managed to take back the cake from the witch's clutches. The witch was defeated, and Leo realized that magic should never be used for ill intentions.

Back in the village, Leo returned the Enchanted Cake to Mr. Sweet and promised to keep it safe. He understood that the true magic lay in having sincere friends and spreading goodness around him.

Since that day, Leo continued to have incredible adventures with Rodo, but they always used the magic of the Enchanted Cake to spread happiness and kindness.

Le Secret de la Bibliothèque Magique

Il était une fois, dans un petit village, une fillette curieuse nommée Alice. Alice adorait lire et passer des heures dans la petite bibliothèque du village. Elle aimait particulièrement les livres de contes et de magie.

Un jour, alors qu'elle parcourait les étagères, Alice remarqua un livre différent des autres. Sa couverture était ornée de motifs mystérieux et brillait légèrement. Intriguée, elle ouvrit le livre et découvrit des pages remplies d'écritures enchantées.

En lisant attentivement, elle comprit que c'était un livre de sorts magiques. Parmi les sortilèges, il y en avait un qui permettait de rendre réels les personnages des histoires.

Tentée par la perspective de rencontrer ses héros de contes préférés, Alice décida d'essayer le sortilège. Elle prononça les mots avec une voix douce et soudain, un éclair étincelant surgit du livre.

À sa grande surprise, les personnages des contes sortirent des pages et se matérialisèrent devant elle. Il y avait le Petit Chaperon Rouge, Cendrillon, Pinocchio, et bien d'autres encore.

Les personnages étaient enchantés de se retrouver dans le monde réel, et ils exprimèrent leur gratitude à Alice. Ils lui demandèrent ce qu'ils pouvaient faire pour la remercier.

Alice réalisa qu'elle avait une opportunité unique de vivre une aventure extraordinaire. Elle proposa aux personnages de partir en quête d'un trésor légendaire qui exaucerait les vœux les plus chers de chacun d'entre eux.

Ensemble, ils parcoururent des contrées magiques, affrontèrent des épreuves périlleuses, et firent preuve d'une incroyable camaraderie. Ils découvrirent finalement le trésor caché au sommet d'une montagne escarpée.

Le trésor, c'était un miroir magique qui pouvait refléter le désir le plus profond de celui qui le regardait. Chaque personnage s'approcha tour à tour du miroir et vit son vœu le plus cher se réaliser.

Le Petit Chaperon Rouge désirait retrouver sa grand-mère, Cendrillon voulait danser avec le prince pour toujours, et Pinocchio souhaitait devenir un vrai petit garçon.

Enfin, vint le tour d'Alice. Elle se regarda dans le miroir, mais au lieu de faire un vœu pour elle-même, elle demanda au miroir de renvoyer les personnages dans leurs histoires respectives.

Le miroir s'exécuta, et un à un, les personnages retournèrent dans les pages du livre enchanté. Ils remercièrent chaleureusement Alice pour son altruisme et promirent de se souvenir de cette aventure incroyable.

De retour à la bibliothèque, Alice referma le livre magique avec un sourire rayonnant. Elle réalisa que parfois, le plus grand des trésors n'était pas matériel, mais résidait dans les actions généreuses et les souvenirs précieux.

Depuis ce jour, Alice visita régulièrement la bibliothèque magique, continuant de lire et de rêver. Et parfois, quand elle avait besoin d'un peu de magie dans sa vie, elle se souvenait de cette extraordinaire aventure qu'elle avait vécue.

The Secret of the Magical Library

Once upon a time, in a small village, there was a curious little girl named Alice. Alice loved to read and spent hours in the small village library. She particularly enjoyed books of fairy tales and magic.

One day, as she was browsing the shelves, Alice noticed a book that was different from the others. Its cover was adorned with mysterious patterns and glimmered slightly. Intrigued, she opened the book and discovered pages filled with enchanted writings.

As she read attentively, she understood that it was a book of magical spells. Among the spells, there was one that could bring the characters from the stories to life.

Tempted by the prospect of meeting her favorite fairy tale heroes, Alice decided to try the spell. She uttered the words with a gentle voice, and suddenly, a sparkling flash erupted from the book.

To her great surprise, the characters from the tales came out of the pages and materialized before her. There was Little Red Riding Hood, Cinderella, Pinocchio, and many others.

The characters were delighted to be in the real world, and they expressed their gratitude to Alice. They asked her what they could do to thank her.

Alice realized that she had a unique opportunity to experience an extraordinary adventure. She suggested to the characters that they go on a quest to find a legendary treasure that would grant each of their deepest wishes.

Together, they journeyed through magical lands, faced perilous trials, and displayed incredible camaraderie. They eventually discovered the treasure hidden atop a steep mountain.

The treasure was a magical mirror that could reflect the deepest desire of whoever gazed into it. Each character approached the mirror one by one and saw their most cherished wish come true.

Little Red Riding Hood wished to reunite with her grandmother, Cinderella wanted to dance with the prince forever, and Pinocchio longed to become a real little boy.

Finally, it was Alice's turn. She looked into the mirror, but instead of making a wish for herself, she asked the mirror to send the characters back to their respective stories.

The mirror complied, and one by one, the characters returned to the pages of the enchanted book. They thanked Alice warmly for her selflessness and promised to remember this incredible adventure.

Back in the library, Alice closed the magical book with a radiant smile. She realized that sometimes, the greatest treasure was not material but resided in generous actions and precious memories.

Since that day, Alice visited the magical library regularly, continuing to read and dream. And sometimes, when she needed a bit of magic in her life, she remembered the extraordinary adventure she had experienced.

21

Le Mystère des Bonbons Magiques

Il était une fois, dans un village enchanté, un petit garçon espiègle du nom de Thomas. Thomas adorait les bonbons plus que tout au monde. Chaque jour, il se rendait chez le vieux marchand de confiseries, Monsieur Doux, pour acheter ses friandises préférées.

Un jour, alors qu'il se dirigeait vers la boutique de bonbons, Thomas remarqua une pancarte étrange près de la porte. Dessus était écrit en lettres scintillantes : "Bonbons Magiques - Le plaisir ultime !"

Intrigué, Thomas entra dans la boutique et fut accueilli par un vieil homme portant un chapeau pointu et un costume coloré. C'était Monsieur Doux en personne. Il sourit à Thomas et lui dit d'une voix mystérieuse : "Bienvenue, cher enfant. Les bonbons que je vends ici sont spéciaux. Ils ont des pouvoirs magiques qui rendent tes rêves les plus fous réels."

Thomas cligna des yeux, à la fois étonné et excité par cette révélation. Il demanda à Monsieur Doux de lui montrer les bonbons magiques. Le vieil homme sortit une boîte dorée ornée d'étoiles scintillantes.

"Prends un bonbon de cette boîte et mange-le avec une intention sincère, et ton vœu le plus cher se réalisera," expliqua Monsieur Doux.

Thomas prit un bonbon de la boîte et le dégusta lentement, en pensant très fort à son plus grand souhait : avoir la possibilité de voler dans les airs comme un oiseau.

Aussitôt, quelque chose d'extraordinaire se produisit. Thomas sentit ses pieds se soulever du sol et il s'éleva dans les airs, flottant comme un oiseau. Il pouvait sentir le vent caresser son visage et le monde sous ses pieds.

Il était aux anges ! Il vola à travers le village, saluant les oiseaux en chemin. Les gens le regardaient avec stupéfaction, mais Thomas était trop occupé à savourer cette merveilleuse expérience.

Cependant, il réalisa bientôt qu'il ne pouvait pas rester en l'air pour toujours. Le pouvoir du bonbon magique commençait à s'estomper. Il redescendit doucement vers le sol, atterrissant avec un sourire béat.

En remerciant chaleureusement Monsieur Doux, Thomas se promit de revenir pour d'autres bonbons magiques. Il avait hâte de vivre de nouvelles aventures extraordinaires.

Mais ce qu'il ignorait, c'était que les bonbons magiques n'étaient pas sans conséquences. À chaque fois qu'il en mangeait un, il découvrait un côté inattendu de son souhait réalisé.

Un jour, il mangea un bonbon magique et se transforma en petit animal adorable. Un autre jour, il se retrouva soudainement doté d'une énorme force, et ses jouets cassèrent malgré lui.

Il commença à réaliser que ces bonbons magiques pouvaient apporter autant d'ennuis que de plaisir. Thomas décida alors d'être plus prudent dans ses vœux et de ne pas abuser de la magie.

Ainsi, avec sagesse et modération, Thomas continua d'explorer les bonbons magiques de Monsieur Doux, vivant des aventures étonnantes tout en apprenant des leçons précieuses.

25

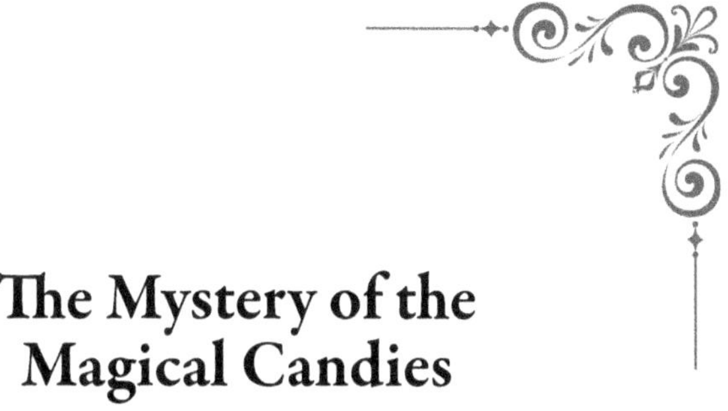

The Mystery of the
Magical Candies

Once upon a time, in an enchanted village, there was a mischievous little boy named Thomas. Thomas loved candies more than anything in the world. Every day, he would visit the old candy merchant, Mr. Sweet, to buy his favorite treats.

One day, as he was heading to the candy shop, Thomas noticed a strange sign near the door. It was written in sparkling letters: "Magical Candies - The Ultimate Delight!"

Intrigued, Thomas entered the shop and was greeted by an old man wearing a pointy hat and a colorful suit. It was Mr. Sweet himself. He smiled at Thomas and said in a mysterious voice, "Welcome, dear child. The candies I sell here are special. They have magical powers that make your wildest dreams come true."

Thomas blinked his eyes, both amazed and excited by this revelation. He asked Mr. Sweet to show him the magical candies. The old man took out a golden box adorned with twinkling stars.

"Take a candy from this box and eat it with a sincere wish, and your deepest desire will come true," explained Mr. Sweet.

Thomas took a candy from the box and savored it slowly, thinking very hard about his greatest wish: to be able to fly in the air like a bird.

Immediately, something extraordinary happened. Thomas felt his feet lift off the ground, and he soared into the air, floating like a bird. He could feel the wind caressing his face and the world beneath his feet.

He was over the moon! He flew through the village, greeting the birds along the way. People looked at him in amazement, but Thomas was too busy savoring this wonderful experience.

However, he soon realized that he couldn't stay in the air forever. The power of the magical candy began to fade. He gently descended to the ground, landing with a blissful smile.

Thanking Mr. Sweet warmly, Thomas promised to come back for more magical candies. He couldn't wait to experience new extraordinary adventures.

But what he didn't know was that the magical candies were not without consequences. Every time he ate one, he discovered an unexpected aspect of his wish coming true.

One day, he ate a magical candy and transformed into an adorable little animal. Another day, he suddenly gained enormous strength, accidentally breaking his toys.

He began to realize that these magical candies could bring as much trouble as pleasure. Thomas decided to be more cautious with his wishes and not to abuse the magic.

Thus, with wisdom and moderation, Thomas continued to explore Mr. Sweet's magical candies, living amazing adventures while learning valuable lessons.

Le Mystère du Chapeau Magique

Il était une fois, dans une petite ville, un jeune garçon nommé Louis. Louis était un garçon ordinaire, avec des cheveux bruns et des yeux brillants. Il aimait les aventures et était toujours à la recherche de nouvelles découvertes.

Un jour, alors qu'il se promenait dans un marché animé, Louis aperçut une échoppe mystérieuse, tenue par un homme étrange portant un chapeau haut-de-forme. L'homme avait l'air énigmatique et souriait en coin, comme s'il cachait un secret.

Intrigué, Louis s'approcha et découvrit que le chapeau haut-de-forme était en fait un chapeau magique. L'homme lui dit : "Bienvenue, jeune homme. Ce chapeau a le pouvoir de vous transporter dans n'importe quel monde imaginaire que vous désirez."

Louis ne pouvait pas en croire ses oreilles. Un chapeau magique ! Il avait toujours rêvé de visiter des mondes fantastiques. Sans hésiter, il mit le chapeau sur sa tête et pensa très fort à un monde rempli de bonbons et de sucreries.

Soudain, il se sentit tourbillonner et, avant même de s'en rendre compte, il se trouvait au milieu d'un paysage éblouissant, rempli de bonbons de toutes les couleurs et de toutes les formes.

Des rivières de chocolat coulaient, et des arbres de guimauve s'élevaient vers le ciel.

Louis était aux anges ! Il mangea des bonbons en quantité, savourant leur délicieuse saveur. Il rencontra même des créatures sucrées, comme des lutins de réglisse et des licornes à la barbe à papa.

Mais bientôt, il réalisa que rester dans ce monde magique avait ses propres défis. Les bonbons semblaient avoir un effet étrange sur lui. Il se sentait de plus en plus léger, comme s'il allait flotter dans les airs.

Inquiet, Louis enleva rapidement le chapeau magique et revint dans le monde réel. L'homme étrange lui dit : "N'oublie pas, jeune homme, les mondes imaginaires peuvent être merveilleux, mais ils ont aussi des conséquences. Choisis bien tes aventures."

Louis hocha la tête, remerciant l'homme pour ce précieux avertissement. Il réalisa que même si les mondes imaginaires étaient fascinants, il y avait toujours un équilibre à trouver.

De retour chez lui, Louis garda le chapeau magique en lieu sûr. Il l'utilisait de temps en temps pour vivre des aventures incroyables, mais il faisait attention à ne pas en abuser.

Il apprit qu'il pouvait explorer des mondes fantastiques tout en étant responsable. Et c'est ainsi que Louis continua de vivre des aventures extraordinaires avec son mystérieux chapeau magique.

The Mystery of the Magic Hat

Once upon a time, in a small town, there was a young boy named Louis. Louis was an ordinary boy, with brown hair and bright eyes. He loved adventures and was always on the lookout for new discoveries.

One day, while wandering through a bustling market, Louis spotted a mysterious stall, run by a strange man wearing a top hat. The man looked enigmatic and smiled slyly, as if he was hiding a secret.

Intrigued, Louis approached and discovered that the top hat was, in fact, a magic hat. The man said to him, "Welcome, young man. This hat has the power to transport you to any imaginary world you desire."

Louis couldn't believe his ears. A magic hat! He had always dreamt of visiting fantastical worlds. Without hesitation, he put the hat on his head and thought very hard about a world filled with candies and sweets.

Suddenly, he felt a whirlwind, and before he knew it, he found himself in the middle of a dazzling landscape, filled with candies of all colors and shapes. Rivers of chocolate flowed, and marshmallow trees reached towards the sky.

Louis was over the moon! He ate candies in abundance, savoring their delicious flavors. He even met sweet creatures, like licorice elves and cotton candy unicorns.

But soon, he realized that staying in this magical world had its own challenges. The candies seemed to have a strange effect on him. He felt lighter and lighter, as if he was going to float in the air.

Worried, Louis quickly took off the magic hat and returned to the real world. The strange man told him, "Remember, young man, imaginary worlds can be wonderful, but they also have consequences. Choose your adventures wisely."

Louis nodded, thanking the man for this valuable warning. He realized that even though imaginary worlds were fascinating, there was always a balance to be found.

Back at home, Louis kept the magic hat safely. He used it from time to time to experience incredible adventures, but he was careful not to abuse it.

He learned that he could explore fantastical worlds while being responsible. And so, Louis continued to live extraordinary adventures with his mysterious magic hat.

Le Petit Garçon qui parlait aux Animaux

Il était une fois, dans un petit village, un garçon nommé Arthur. Arthur était un enfant timide avec des yeux étincelants et une passion pour les animaux. Il aimait passer son temps à observer les oiseaux, les lapins et les écureuils qui habitaient la forêt près de sa maison.

Un jour, alors qu'il se promenait dans la forêt, Arthur entendit un petit miaulement. Il suivit le son et découvrit un chaton abandonné, tout frêle et tremblant. Arthur prit le chaton dans ses bras et décida de l'adopter.

Mais ce n'était pas n'importe quel chaton. Dès qu'Arthur posa les yeux sur lui, il comprit qu'il avait un don spécial. Il pouvait comprendre ce que les animaux disaient ! Le chaton lui expliqua qu'il s'appelait Félix et qu'il était perdu depuis plusieurs jours.

Grâce à son don, Arthur devint l'ami de tous les animaux de la forêt. Les oiseaux lui racontaient les dernières nouvelles du ciel, les écureuils lui parlaient des meilleures cachettes pour leurs noix, et les lapins lui racontaient des histoires drôles de leur terrier.

Mais son don attira aussi l'attention des autres enfants du village. Ils se moquaient de lui et disaient qu'il était bizarre de parler aux animaux. Arthur se sentait triste et seul, mais il ne laissa pas leur méchanceté l'atteindre.

Un jour, une grande nouvelle arriva au village. Un loup sauvage avait été aperçu près des fermes, semant la peur parmi les habitants. Tout le monde était terrifié, sauf Arthur.

Il décida de parler au loup pour comprendre pourquoi il s'était approché du village. Il découvrit que le loup était affamé et désespéré, cherchant simplement de la nourriture pour sa famille. Il promit de l'aider à trouver de la nourriture loin du village, à condition qu'il ne s'approche plus des fermes.

Les villageois étaient sceptiques, mais Arthur réussit à convaincre tout le monde que le loup ne voulait pas leur faire de mal. Ils décidèrent de lui donner une chance et de lui offrir de la nourriture dans les bois, loin des fermes.

Petit à petit, le loup apprit à faire confiance aux villageois grâce à Arthur. Ils découvrirent qu'ils pouvaient coexister pacifiquement avec les animaux sauvages en respectant leur territoire et leurs besoins.

Bientôt, Arthur devint un héros aux yeux des villageois. Ils comprirent que son don spécial était une bénédiction, car il les aidait à mieux comprendre les animaux et à vivre en harmonie avec la nature.

Désormais, Arthur n'était plus seul. Il avait de nombreux amis parmi les animaux et les villageois qui l'admiraient pour sa gentillesse et son courage. Et chaque soir, il se promenait dans la forêt, parlant aux animaux et écoutant leurs histoires avec un sourire radieux.

The Little Boy who
Spoke to Animals

Once upon a time, in a small village, there was a boy named Arthur. Arthur was a shy child with sparkling eyes and a passion for animals. He loved spending his time observing the birds, rabbits, and squirrels that lived in the forest near his home.

One day, while walking in the forest, Arthur heard a little meow. He followed the sound and discovered an abandoned kitten, frail and trembling. Arthur picked up the kitten and decided to adopt it.

But this was no ordinary kitten. As soon as Arthur laid eyes on it, he realized that he had a special gift. He could understand what animals were saying! The kitten explained to him that its name was Felix and that it had been lost for several days.

Thanks to his gift, Arthur became friends with all the animals in the forest. The birds told him the latest news from the sky, the squirrels shared the best hiding spots for their nuts, and the rabbits told him funny stories from their burrow.

But his gift also drew the attention of the other children in the village. They made fun of him and said it was strange to talk to animals. Arthur felt sad and lonely, but he didn't let their meanness affect him.

One day, big news arrived in the village. A wild wolf had been spotted near the farms, spreading fear among the villagers. Everyone was terrified, except for Arthur.

He decided to talk to the wolf to understand why it had come close to the village. He discovered that the wolf was hungry and desperate, simply searching for food for its family. He promised to help find food for the wolf far away from the village, on the condition that it would stay away from the farms.

The villagers were skeptical, but Arthur managed to convince everyone that the wolf meant no harm. They decided to give it a chance and offered it food in the woods, far from the farms.

Little by little, the wolf learned to trust the villagers, thanks to Arthur. They realized they could coexist peacefully with wild animals by respecting their territory and needs.

Soon, Arthur became a hero in the eyes of the villagers. They understood that his special gift was a blessing, as it helped them better understand animals and live in harmony with nature.

Now, Arthur was no longer alone. He had many friends among the animals and the villagers who admired him for his kindness and courage. And every evening, he would walk in the forest, talking to the animals and listening to their stories with a radiant smile.

Le Géant et le Petit Garçon

Il était une fois, dans une vallée lointaine, un petit garçon nommé Timothée. Timothée était un garçon malin avec de grands rêves et une imagination débordante. Chaque soir, avant de s'endormir, il regardait les étoiles et imaginait les aventures les plus extraordinaires.

Un jour, alors qu'il se promenait dans la vallée, il entendit un bruit étrange. Intrigué, il suivit le son jusqu'à une immense montagne. Sur le sommet de la montagne, se dressait un géant gigantesque aux yeux étincelants.

Le géant avait l'air triste et seul. Timothée s'approcha avec prudence et demanda : "Pourquoi es-tu si triste, gentil géant ?"

Le géant regarda le petit garçon avec surprise. Personne n'avait jamais osé lui parler de cette manière. Il répondit d'une voix grave : "Je suis seul depuis si longtemps. Personne ne veut être mon ami à cause de ma taille."

Timothée sentit de la compassion pour le géant et décida de lui tenir compagnie. Ils passèrent des heures à discuter et à partager leurs rêves les plus fous. Le géant fut touché par la gentillesse et l'imagination du petit garçon.

Timothée réalisa que le géant n'était pas méchant, mais simplement mal compris à cause de sa taille impressionnante. Il lui dit : "Gentil géant, je sais comment te faire des amis et te rendre heureux."

Il expliqua au géant qu'il devait se montrer amical envers les animaux et les petites créatures de la vallée. Timothée savait que le géant avait un grand cœur et qu'il pourrait être un ami précieux pour tous.

Le géant suivit les conseils de Timothée et se lia d'amitié avec les oiseaux, les lapins et les papillons de la vallée. Bientôt, il devint le protecteur des petits animaux, veillant sur eux avec bienveillance.

Les animaux de la vallée découvrirent que le géant n'était pas effrayant, mais qu'il était un ami attentionné et doux. Ils n'avaient plus peur de lui et jouaient joyeusement autour de lui.

Grâce à Timothée, le géant n'était plus jamais seul. Ils devinrent les meilleurs amis et partagèrent des aventures incroyables ensemble. Le géant faisait découvrir à Timothée des mondes fantastiques, et Timothée lui racontait des histoires merveilleuses qu'il avait imaginées.

La nouvelle amitié du géant avec les animaux fit le tour de la vallée, et bientôt, tous les habitants vinrent lui rendre visite. Ils découvrirent qu'il était un géant au cœur tendre et au sourire chaleureux.

La vallée devint un endroit joyeux et paisible, où tout le monde se sentait en sécurité et aimé. Et c'est ainsi que le géant et le petit garçon, grâce à leur amitié, transformèrent une vallée triste en un lieu magique et merveilleux.

The Giant and the Little Boy

Once upon a time, in a distant valley, there was a little boy named Timothy. Timothy was a clever boy with big dreams and a vivid imagination. Every evening, before going to sleep, he would gaze at the stars and imagine the most extraordinary adventures.

One day, while strolling through the valley, he heard a strange noise. Intrigued, he followed the sound to an immense mountain. On the mountaintop stood a gigantic giant with sparkling eyes.

The giant looked sad and lonely. Timothy approached cautiously and asked, "Why are you so sad, kind giant?"

The giant looked at the little boy with surprise. No one had ever dared to speak to him in this way. He replied in a deep voice, "I have been alone for so long. Nobody wants to be my friend because of my size."

Timothy felt compassion for the giant and decided to keep him company. They spent hours talking and sharing their wildest dreams. The giant was touched by the little boy's kindness and imagination.

Timothy realized that the giant was not mean, but simply misunderstood because of his impressive size. He said to him, "Kind giant, I know how to help you make friends and be happy."

He explained to the giant that he should be friendly to the animals and little creatures in the valley. Timothy knew that the giant had a big heart and could be a valuable friend to all.

The giant followed Timothy's advice and befriended the birds, rabbits, and butterflies of the valley. Soon, he became the protector of the small animals, watching over them with kindness.

The valley animals discovered that the giant was not scary but a caring and gentle friend. They were no longer afraid of him and happily played around him.

Thanks to Timothy, the giant was never lonely again. They became best friends and shared incredible adventures together. The giant showed Timothy fantastic worlds, and Timothy told him wonderful stories he had imagined.

The news of the giant's new friendship with the animals spread throughout the valley, and soon, all the inhabitants came to visit him. They discovered that he was a giant with a tender heart and a warm smile.

The valley became a joyful and peaceful place, where everyone felt safe and loved. And that's how the giant and the little boy, through their friendship, transformed a sad valley into a magical and wonderful place.

Le Mystère de la Fabrique de Rêves

Il était une fois, dans un petit village, une jeune fille nommée Camille. Camille était une fillette espiègle aux yeux pétillants et à l'imagination débordante. Elle aimait plus que tout se plonger dans des livres remplis de contes magiques et d'aventures extraordinaires.

Un jour, alors qu'elle se promenait dans la forêt, elle découvrit un sentier mystérieux qu'elle n'avait jamais remarqué auparavant. Curieuse, elle décida de le suivre et arriva devant une étrange fabrique cachée parmi les arbres.

La fabrique était en apparence ordinaire, mais Camille sentait qu'il y avait quelque chose de magique à l'intérieur. Elle poussa la porte avec précaution et fut accueillie par un vieil homme portant une blouse tachée de couleurs éclatantes.

"Laisse-moi deviner, tu es Camille, la petite fille qui aime les histoires fantastiques ?" dit le vieil homme avec un sourire malicieux.

Étonnée, Camille acquiesça et demanda : "Qui êtes-vous ? Et qu'est-ce que cette fabrique ?"

Le vieil homme se présenta comme M. Créateur de Rêves. Il expliqua que la fabrique était un lieu magique où il créait des rêves pour les enfants du monde entier. Chaque nuit, il envoyait des rêves remplis d'aventures, de découvertes et de merveilles aux petits dormeurs.

Camille fut fascinée par cette révélation. Elle demanda à M. Créateur de Rêves si elle pouvait l'aider à fabriquer les rêves. Le vieil homme accepta avec joie et lui montra les rouages magiques de la fabrique.

Elle découvrit des machines incroyables qui tissaient des fils d'or pour créer des rêves de voyage dans l'espace, des montagnes russes à sensations fortes et des aventures avec des créatures fantastiques. Chaque rêve était unique et sur mesure pour chaque enfant.

Camille se plongea dans cette tâche passionnante, en choisissant les couleurs des rêves, en imaginant des mondes étranges et en créant des personnages merveilleux. Elle se sentait comme une véritable magicienne, apportant de la joie et de l'émerveillement aux enfants du monde entier.

Mais un jour, alors qu'elle était en train de créer un rêve pour un petit garçon qui aimait les chevaux, elle remarqua un problème étrange. Les fils d'or qui tissaient le rêve semblaient se mélanger et s'emmêler.

Elle en parla à M. Créateur de Rêves, qui semblait inquiet. Il expliqua que la fabrique fonctionnait avec la magie des rêves, et parfois, cette magie pouvait être imprévisible.

Camille était déterminée à résoudre le mystère. Avec l'aide du vieil homme, elle découvrit qu'un petit farfadet farceur était entré dans la fabrique et avait perturbé les fils magiques.

Ils réussirent à attraper le farfadet et à remettre de l'ordre dans les fils. Dès lors, les rêves reprirent leur cours, plus merveilleux que jamais.

En remerciement de son aide, M. Créateur de Rêves offrit à Camille un rêve spécial, rien que pour elle. Dans ce rêve, elle vola sur le dos d'un dragon majestueux, visita des mondes enchantés et rencontra des personnages fantastiques.

Depuis ce jour, Camille continua d'aider M. Créateur de Rêves dans la fabrique magique. Et chaque nuit, les enfants du monde entier se plongeaient dans des rêves remplis de joie, de magie et d'aventures extraordinaires.

The Mystery of the
Dream Factory

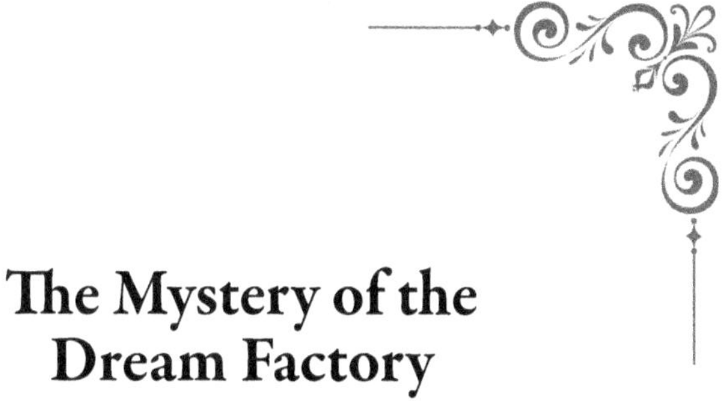

Once upon a time, in a small village, there was a young girl named Camille. Camille was a mischievous girl with sparkling eyes and an overflowing imagination. She loved nothing more than diving into books filled with magical tales and extraordinary adventures.

One day, while strolling through the forest, she discovered a mysterious trail that she had never noticed before. Curious, she decided to follow it and arrived at an unusual factory hidden among the trees.

The factory seemed ordinary, but Camille felt that there was something magical inside. She cautiously pushed open the door and was greeted by an old man wearing a lab coat stained with vibrant colors.

"Let me guess, you are Camille, the little girl who loves fantastic stories?" said the old man with a mischievous smile.

Surprised, Camille nodded and asked, "Who are you? And what is this factory?"

The old man introduced himself as Mr. Dream Creator. He explained that the factory was a magical place where he created dreams for children all over the world. Every night, he sent dreams filled with adventures, discoveries, and wonders to little sleepers.

Camille was fascinated by this revelation. She asked Mr. Dream Creator if she could help him make the dreams. The old man gladly accepted and showed her the magical workings of the factory.

She discovered incredible machines that wove threads of gold to create dreams of space travel, thrilling roller coasters, and adventures with fantastic creatures. Each dream was unique and tailor-made for every child.

Camille immersed herself in this exciting task, choosing dream colors, imagining strange worlds, and creating wonderful characters. She felt like a true magician, bringing joy and wonder to children all over the world.

But one day, as she was creating a dream for a little boy who loved horses, she noticed a strange problem. The threads of gold that wove the dream seemed to get mixed up and tangled.

She told Mr. Dream Creator about it, and he seemed worried. He explained that the factory worked with dream magic, and sometimes, this magic could be unpredictable.

Camille was determined to solve the mystery. With the old man's help, she discovered that a mischievous little sprite had entered the factory and disrupted the magical threads.

They managed to catch the sprite and put the threads back in order. From then on, the dreams resumed, more wonderful than ever.

In gratitude for her help, Mr. Dream Creator offered Camille a special dream, just for her. In this dream, she flew on the back of a majestic dragon, visited enchanted worlds, and met fantastic characters.

Since that day, Camille continued to assist Mr. Dream Creator in the magical factory. And every night, children all over the world immersed themselves in dreams filled with joy, magic, and extraordinary adventures.

Le Lapin farceur

Il était une fois, dans une forêt enchantée, un petit lapin malicieux du nom de Gaston. Gaston était différent des autres lapins ; il avait des oreilles toutes tordues et un petit nez retroussé qui lui donnait un air coquin. Il aimait faire des farces aux animaux de la forêt.

Un jour, Gaston se cacha derrière un buisson et attendit que l'écureuil, Léonard, passe. Dès que Léonard approcha, Gaston sauta hors de sa cachette en criant : "Bouh !" Léonard sursauta et fit tomber toutes les noisettes qu'il avait ramassées. "Oh, Gaston, tu m'as encore fait peur !" dit Léonard en riant.

Les farces de Gaston étaient célèbres dans la forêt, mais tous les animaux savaient qu'il était juste en train de jouer. C'était sa façon de rendre tout le monde joyeux. Cependant, parfois, ses plaisanteries pouvaient être un peu effrayantes.

Un matin, Gaston décida de jouer une farce à Hélène, la chouette. Il savait qu'elle était très sage et sérieuse, et cela le faisait rire de la voir s'envoler en criant. Alors, il se déguisa en un énorme hibou effrayant en utilisant des feuilles et des branches.

Lorsque Hélène vit l'énorme hibou, elle devint blanche comme neige et prit son envol. Gaston n'aurait jamais pensé qu'elle aurait eu si peur. Il se dépêcha de retirer son déguisement et courut après elle pour s'excuser.

"Je suis désolé, Hélène ! Je ne voulais pas te faire peur autant !" dit Gaston en s'approchant d'elle.

Hélène s'arrêta et regarda Gaston avec ses grands yeux brillants. "Gaston, tu es un coquin, mais je sais que tu ne voulais pas me faire de mal. Tu aimes juste jouer. Mais s'il te plaît, essaie de ne pas me faire peur comme ça la prochaine fois."

Gaston hocha la tête. Il se sentait mal d'avoir fait peur à Hélène, et il promit qu'il ferait plus attention à l'avenir.

Depuis ce jour, Gaston continua de jouer des farces, mais il apprit à les rendre plus douces et amusantes pour tout le monde. Les animaux de la forêt étaient heureux d'avoir Gaston parmi eux, car il apportait toujours de la joie et du rire.

Et c'est ainsi que Gaston, le lapin farceur, apprit que même s'amuser pouvait parfois blesser les autres, et que c'était important de faire attention aux sentiments des autres.

The Mischievous Rabbit

Once upon a time, in an enchanted forest, there was a mischievous little rabbit named Gaston. Gaston was different from the other rabbits; he had twisted ears and a little turned-up nose that gave him a mischievous look. He loved playing tricks on the forest animals.

One day, Gaston hid behind a bush and waited for the squirrel, Leonard, to pass by. As soon as Leonard approached, Gaston jumped out of his hiding spot and shouted, "Boo!" Leonard jumped in surprise and dropped all the acorns he had collected. "Oh, Gaston, you've scared me again!" Leonard said, laughing.

Gaston's pranks were famous in the forest, but all the animals knew he was just playing. It was his way of making everyone happy. However, sometimes his jokes could be a little scary.

One morning, Gaston decided to play a trick on Helen, the owl. He knew she was very wise and serious, and it amused him to see her fly off in fright. So, he disguised himself as a huge, scary owl using leaves and branches.

When Helen saw the enormous owl, she turned as white as snow and took off in flight. Gaston had never thought she would be so frightened. He hurriedly removed his disguise and ran after her to apologize.

"I'm sorry, Helen! I didn't mean to scare you so much!" Gaston said as he approached her.

Helen stopped and looked at Gaston with her big, shiny eyes. "Gaston, you're a little rascal, but I know you didn't mean to harm me. You just love to play. But please, try not to scare me like that next time."

Gaston nodded. He felt bad for scaring Helen, and he promised to be more careful in the future.

From that day on, Gaston continued to play tricks, but he learned to make them gentler and more fun for everyone. The forest animals were happy to have Gaston among them because he always brought joy and laughter.

And so, Gaston, the mischievous rabbit, learned that even though having fun was important, it could sometimes hurt others, and it was essential to consider others' feelings.

La Petite Fille aux Pouvoirs Magiques

Il était une fois, dans un petit village, une petite fille nommée Amélie qui avait des pouvoirs magiques. Amélie avait des cheveux bouclés d'un rouge flamboyant et des yeux pétillants comme des étoiles. Mais ce qui rendait Amélie vraiment spéciale, c'était son don extraordinaire : elle pouvait parler aux animaux !

Depuis qu'elle était toute petite, Amélie avait découvert qu'elle pouvait comprendre ce que disaient les oiseaux, les lapins et même les petits insectes. Elle s'amusait à leur parler et à leur raconter des histoires. Les animaux, pour leur part, l'adoraient et lui obéissaient toujours.

Un jour, alors qu'Amélie se promenait dans la forêt, elle rencontra un vieux chat noir appelé Monsieur Whiskers. Il lui raconta une histoire fascinante sur un trésor caché au sommet de la montagne la plus haute du village.

Intriguée par cette histoire, Amélie décida de partir à la recherche du trésor. Mais elle savait qu'elle ne pouvait pas le faire seule. Alors, elle rassembla tous ses amis animaux - les oiseaux, les écureuils, les lapins et même les lucioles - pour l'aider dans cette quête.

Le voyage jusqu'au sommet de la montagne fut plein de péripéties. Ils traversèrent des rivières tumultueuses, échappèrent à de vilains renards et affrontèrent des vents violents. Mais Amélie et ses amis ne se découragèrent jamais. Ils s'aidaient les uns les autres et avançaient avec courage.

Enfin, après des jours de marche, ils atteignirent le sommet de la montagne. Et là, dans une grotte étincelante, ils découvrirent le trésor tant convoité ! C'était une pierre magique qui pouvait exaucer n'importe quel souhait.

Mais au lieu de faire un vœu égoïste pour elle-même, Amélie décida de faire un vœu pour tout le village. Elle souhaita que tous les habitants soient heureux et en bonne santé. Et avec un sourire lumineux, elle posa la pierre magique dans le centre du village.

Dès ce moment, quelque chose d'incroyable se produisit. Les fleurs se mirent à chanter, les arbres dansèrent joyeusement, et même le ciel s'illumina de mille couleurs magiques. Le vœu d'Amélie avait été exaucé, et le village devint un endroit encore plus merveilleux.

Depuis ce jour-là, Amélie continua à utiliser ses pouvoirs magiques pour aider les autres. Elle parlait aux animaux, écoutait leurs histoires et les aidait dans leurs petites misères.

Et si vous passez par ce village, peut-être aurez-vous la chance de rencontrer Amélie, la petite fille aux pouvoirs magiques, qui répandait l'amour et la joie partout où elle allait. Car c'est ainsi que les histoires extraordinaires commencent, n'est-ce pas ?

The Little Girl with Magical Powers

Once upon a time, in a small village, there was a little girl named Amelie who had magical powers. Amelie had curly hair of fiery red and eyes that sparkled like stars. But what made Amelie truly special was her extraordinary gift: she could talk to animals!

Since she was very young, Amelie had discovered that she could understand what birds, rabbits, and even tiny insects were saying. She loved talking to them and telling them stories. The animals, in return, adored her and always obeyed her.

One day, as Amelie was walking in the forest, she met an old black cat named Mr. Whiskers. He told her a fascinating story about a hidden treasure at the top of the highest mountain in the village.

Intrigued by the tale, Amelie decided to go on a quest for the treasure. But she knew she couldn't do it alone. So, she gathered all her animal friends - the birds, the squirrels, the rabbits, and even the fireflies - to help her in this journey.

The journey to the top of the mountain was full of adventures. They crossed turbulent rivers, escaped from nasty foxes, and faced strong winds. But Amelie and her friends never gave up. They helped each other and marched on with courage.

Finally, after days of walking, they reached the top of the mountain. And there, in a sparkling cave, they found the coveted treasure! It was a magical stone that could grant any wish.

But instead of making a selfish wish for herself, Amelie decided to make a wish for the entire village. She wished for all the villagers to be happy and healthy. And with a bright smile, she placed the magical stone in the center of the village.

From that moment, something incredible happened. The flowers started to sing, the trees danced joyfully, and even the sky lit up with a thousand magical colors. Amelie's wish had come true, and the village became an even more wonderful place.

Since that day, Amelie continued to use her magical powers to help others. She talked to the animals, listened to their stories, and assisted them in their little troubles.

And if you happen to pass by that village, perhaps you'll have the chance to meet Amelie, the little girl with magical powers, who spread love and joy wherever she went. For this is how extraordinary stories begin, isn't it?

Le Mystère de la Chocolaterie Magique

Il était une fois, dans une petite ville, une chocolaterie bien mystérieuse dirigée par un étrange personnage nommé Monsieur Chocolat. Sa chocolaterie était célèbre dans tout le pays pour ses délicieux chocolats aux saveurs étonnantes. Les enfants du village raffolaient de ses créations magiques, et ils se demandaient tous quel était son secret.

Un jour, un petit garçon courageux du nom de Léo décida de percer le mystère de la chocolaterie. Il savait que quelque chose de magique se cachait derrière ces délicieux chocolats. Léo était déterminé à découvrir la vérité.

Un après-midi, alors que la chocolaterie était calme, Léo s'infiltra discrètement à l'intérieur. Il fouilla chaque recoin, cherchant des indices. C'est alors qu'il découvrit une vieille porte cachée derrière une étagère.

Intrigué, Léo ouvrit la porte secrète et fut émerveillé par ce qu'il trouva. Derrière cette porte se trouvait un jardin rempli de chocolatiers farfelus et de cacao magique. Ils cultivaient des arbres de chocolat aux branches enchantées qui produisaient des chocolats aux goûts surprenants.

Les chocolatiers étaient des personnages étonnants, certains avaient des chapeaux en forme de bonbon, d'autres portaient des vestes en chocolat, et ils parlaient une langue secrète faite de rires et de chuchotements.

Léo fut accueilli chaleureusement par les chocolatiers qui l'emmenèrent dans une visite guidée du jardin magique. Ils lui montrèrent les arbres de chocolat au caramel, aux fraises et même au popcorn ! Chaque arbre produisait un chocolat unique qui éveillait les papilles des enfants du village.

Mais le plus surprenant de tous était l'arbre de chocolat au souhait. Si l'on cueillait un chocolat de cet arbre, on pouvait formuler un vœu en le mangeant, et il se réalisait !

Léo était émerveillé par cette découverte incroyable. Il comprit que Monsieur Chocolat et les chocolatiers étaient des magiciens qui concoctaient des chocolats spéciaux pour rendre les gens heureux.

Après cette visite extraordinaire, Léo décida de garder le secret du jardin magique. Il savait que la magie du chocolat devait rester un mystère pour que les délices de la chocolaterie continuent à surprendre les enfants du village.

Depuis ce jour, Léo revint souvent à la chocolaterie pour déguster les chocolats magiques et passer du temps avec les chocolatiers farfelus. Et chaque fois qu'il croquait dans un chocolat, il savait qu'il goûtait à une pincée de bonheur et de magie.

Ainsi, la chocolaterie de Monsieur Chocolat continua d'enchanter les enfants avec ses délicieux chocolats et son jardin secret rempli de merveilles chocolatées. Et le mystère de la Chocolaterie Magique resta bien gardé, car c'est dans les secrets que résident les plus belles aventures chocolatées.

The Mystery of the Magical Chocolaterie

Once upon a time, in a small town, there was a mysterious chocolaterie run by a strange character named Mr. Chocolate. His chocolaterie was famous throughout the country for its delicious chocolates with surprising flavors. The children of the village loved his magical creations, and they all wondered what his secret was.

One day, a brave little boy named Leo decided to unravel the mystery of the chocolaterie. He knew that something magical was hidden behind these delicious chocolates. Leo was determined to discover the truth.

One afternoon, while the chocolaterie was quiet, Leo sneaked inside discreetly. He searched every nook, looking for clues. That's when he discovered an old door hidden behind a shelf.

Intrigued, Leo opened the secret door and was amazed by what he found. Behind this door was a garden filled with whimsical chocolatiers and magical cocoa. They cultivated chocolate trees with enchanted branches that produced chocolates with surprising tastes.

The chocolatiers were amazing characters, some wore candy-shaped hats, others had chocolate jackets, and they spoke a secret language made of laughter and whispers.

Leo was warmly welcomed by the chocolatiers, who took him on a guided tour of the magical garden. They showed him the caramel chocolate trees, the strawberry ones, and even the popcorn-flavored tree! Each tree produced a unique chocolate that delighted the taste buds of the children in the village.

But the most surprising of all was the wish chocolate tree. If one picked a chocolate from this tree and made a wish while eating it, the wish came true!

Leo was amazed by this incredible discovery. He understood that Mr. Chocolate and the chocolatiers were magicians who concocted special chocolates to make people happy.

After this extraordinary visit, Leo decided to keep the secret of the magical garden. He knew that the magic of chocolate had to remain a mystery to continue surprising the children of the village.

Since that day, Leo often returned to the chocolaterie to savor the magical chocolates and spend time with the whimsical chocolatiers. And every time he bit into a chocolate, he knew he was tasting a pinch of happiness and magic.

Thus, Mr. Chocolate's chocolaterie continued to enchant the children with its delicious chocolates and its secret garden filled with chocolate wonders. And the mystery of the Magical Chocolaterie remained well-guarded because it is in secrets that the most beautiful chocolate adventures reside.